BARREAU DE POITIERS

## LA FEMME DEVANT LE PARLEMENT

# DES DROITS DE LA FEMME MARIÉE

SUR LE

# R PRODUIT DE SON TRAVAIL

## DISCOURS

PRONONCÉ

A LA SÉANCE SOLENNELLE DE RÉOUVERTURE DE LA CONFÉRENCE
DES AVOCATS STAGIAIRES

Le 12 Décembre 1896

PAR

### Alfred ORILLARD

Avocat à la Cour d'Appel,
Secrétaire de la Conférence.

## POITIERS

IMPRIMERIE BLAIS ET ROY
7, RUE VICTOR-HUGO, 7

### 1897

n° 38
1897

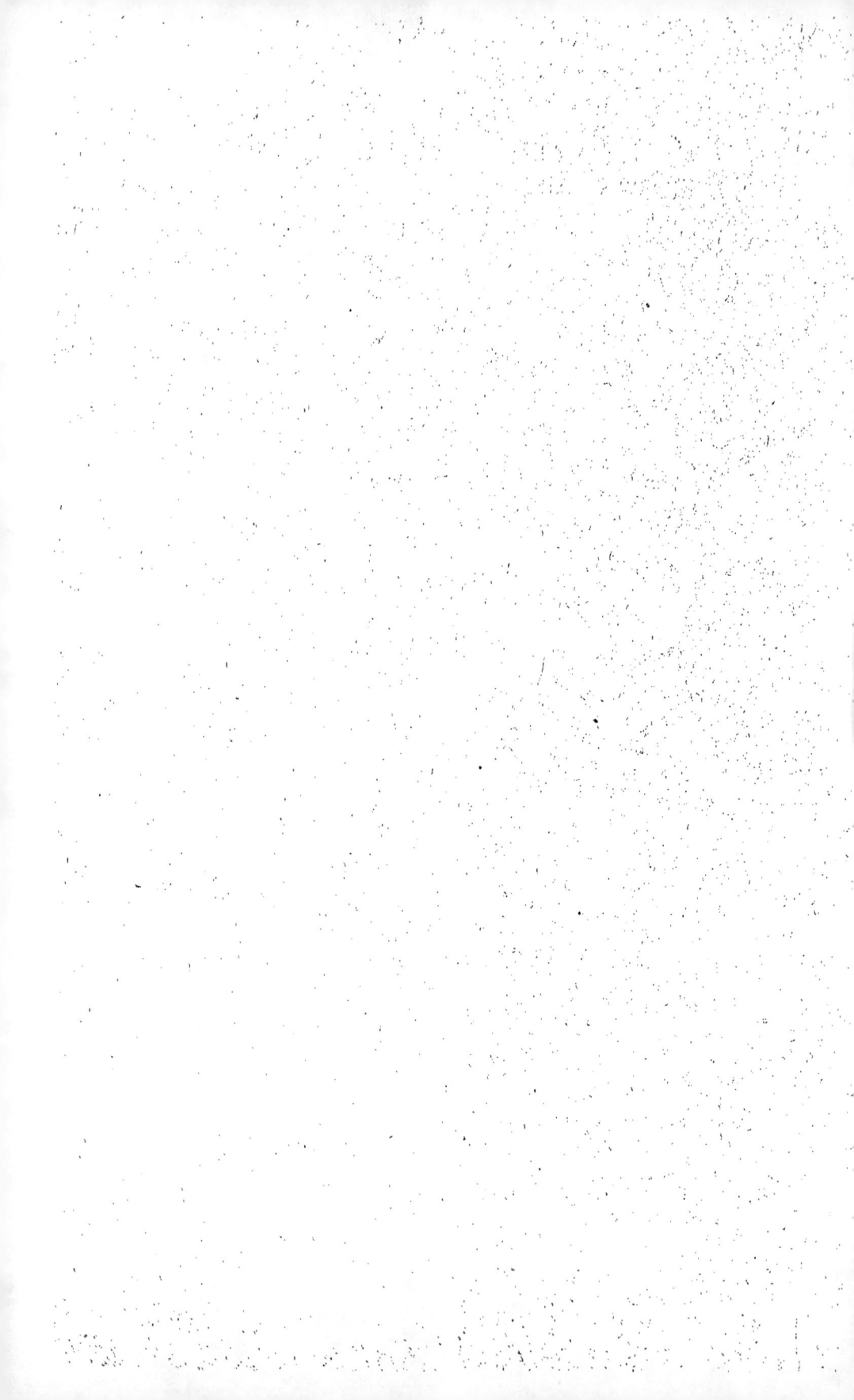

## LA FEMME DEVANT LE PARLEMENT

# DES DROITS DE LA FEMME MARIÉE

SUR LE

# PRODUIT DE SON TRAVAIL

## DISCOURS

PRONONCÉ

A LA SÉANCE SOLENNELLE DE RÉOUVERTURE DE LA CONFÉRENCE
DES AVOCATS STAGIAIRES

Le 12 Décembre 1896

PAR

### Alfred ORILLARD

Avocat à la Cour d'Appel,
Secrétaire de la Conférence.

POITIERS

IMPRIMERIE BLAIS ET ROY
7, RUE VICTOR-HUGO, 7
—
**1897**

IMPRIMÉ AUX FRAIS DE L'ORDRE PAR DÉCISION DU CONSEIL

Le douze décembre mil huit cent quatre-vingt-seize, à deux heures, l'Ordre des Avocats à la Cour d'appel de Poitiers s'est réuni en robe, dans la salle d'audience de la première chambre de la Cour pour assister à l'ouverture des conférences des avocats stagiaires.

Étaient présents :

MM. Séchet, bâtonnier, président ; de la Ménardière, Orillard, Druet, Pichot, Barbier et Tornezy, membres du Conseil de l'Ordre ;

Parenteau-Dubeugnon, ancien bâtonnier, Bonnet, Mérine, Dufour d'Astafort, Poulle, Deleffe, Lagarde, Pouliot, Lévrier et Caillaud, avocats inscrits au Tableau.

La Barre était occupée par MM. les avocats stagiaires.

Le bâtonnier a ouvert la séance, annoncé la reprise des travaux de la conférence et prononcé une allocution.

Il a ensuite donné la parole à Mᵉ Orillard fils, qui a lu une étude sur *là Femme devant le Parlement*, puis Mᵉ Thinault a donné lecture d'une étude sur *la Puissance paternelle*.

Le bâtonnier a réglé le service de la conférence pour les séances ultérieures.

La séance a été levée à quatre heures.

<table>
<tr><td>*Le Secrétaire,*</td><td>*Le Bâtonnier,*</td></tr>
<tr><td>A. TORNEZY.</td><td>H. SÉCHET.</td></tr>
</table>

# DES DROITS DE LA FEMME MARIÉE

## SUR LE PRODUIT DE SON TRAVAIL

Monsieur le Batonnier,

Messieurs,

Le temps n'est plus, comme l'a déjà constaté M. Louis Franck, notre éminent confrère de la Cour de Bruxelles (1), où l'on ne pouvait sans se ridiculiser, disserter sur les droits de la femme. La question féminine, en effet, est une face du grand et complexe problème social, qui agite et révolutionne le monde moderne, et s'il est vrai que la condition des femmes est pour un Etat, la cause de son salut ou de sa perte (2), elle s'impose aux méditations des penseurs et des hommes d'Etat. Aussi ai-je cru que vous ne trouveriez pas déplacé, de venir étudier devant vous une des faces de cette question, et de rechercher après l'évolution du mouvement féministe contemporain, sa situation actuelle devant le Parlement, et particulièrement, quel est ou quel

(1) *Introduction à l'Essai sur la condition politique de la femme,* par M. Louis Franck, avocat à la Cour de Bruxelles, docteur en droit, vice-président de la Fédération féministe universelle, ouvrage couronné par la Faculté de Droit de Paris. — M. Franck vient de fonder l'*Office Féministe Universel,* dans le but de centraliser tous les documents relatifs à la question féministe, à l'effet d'en faciliter l'étude et la propagande.

(2) Mulier reipublicæ damnum est aut salus (Sénèque).

a été, quel doit être ou quel sera le droit de la femme mariée sur le produit de son travail.

Ce sujet ne sera point traité avec l'autorité nécessaire, et qu'il conviendrait surtout d'avoir, devant une Assemblée telle que la vôtre. Mais il a tant d'attraits, et son actualité est si grande, qu'il se protégera lui-même contre vos critiques, et mieux que je ne pourrais le faire par mes faibles paroles. Aussi je remercie le Conseil de l'Ordre de m'avoir permis de présenter cette étude, et de m'avoir désigné pour prendre la parole en cette circonstance solennelle.

Mes remerciements doivent surtout s'adresser au Bâtonnier (1) qui a bien voulu me proposer pour ce périlleux honneur. Je n'oublierai pas cette marque de bienveillance, après toutes celles qu'il m'avait déjà témoignées pendant les deux années, où il dirigea nos travaux de la Conférence, avec un zèle et un dévouement qui ne sont pas encore épuisés, et dont il vient de donner un nouveau témoignage à l'Ordre entier, en prouvant une fois de plus, que chez nous, il n'y a pas de hiérarchie, et que notre devise est toujours : *Nec prosequi, nec antecedere.*

La question Féministe date du commencement du siècle (2). Déjà en 1787 Condorcet se faisait le premier le

(1) M. Tornézy, actuellement secrétaire de l'Ordre.
(2) Elle ne pouvait se poser dans l'antiquité où l'assimilation de la femme à l'enfant et à l'esclave était un principe universel : La femme doit dépendre de son père, de son mari, de ses fils, des parents de son mari, elle ne doit jamais se gouverner elle-même. (Manon, V, 148.) Elle ne pouvait donc rien posséder, tous les fruits de son travail étaient pour son maître. Et cependant il n'y a pas d'époque de l'histoire, où la femme, fille, épouse, mère, ait été plus honorée. « Pour l'esclave comme pour la femme, la dureté du droit trouvait son tempérament dans la simplicité des mœurs ». (Gide, *La Condition privée de la femme.*) — En Grèce où les affaires publiques appelaient constamment l'homme en dehors de sa maison, la femme, au contraire, ne pouvait sortir de son gynécée : Ce qu'on enseignait à la femme dès son enfance, c'était à ne parler, n'entendre et ne voir que le moins possible (Xénophon, économ., III, 13). Pour elle, la vertu se réduisait à garder la maison, s'occuper du ménage, obéir à ses parents ou à son mari. (Platon, Ménon, 3.)

promoteur du droit électoral des femmes dans ses *lettres d'un bourgeois de Newhaven à un citoyen de Virginie*. Il n'eut aucun succès et les Etats-Généraux restèrent muets sur cette question. Victor Considérant en 1848, Pierre Leroux en 1851 posent hardiment la question des droits de

Il y a trois classes de personnes qui ne peuvent agir par elles-mêmes, nous dit Aristote, et qui ont besoin qu'on les gouverne : ce sont l'esclave, l'enfant, la femme. L'esclave n'a pas de volonté, l'enfant en a une mais incomplète, la femme en a une mais impuissante. (Aristote, Polit. I, 5). — A Rome, on voit au contraire la femme apparaître à chaque page de l'histoire. « En vain les lois l'ont-elles exclue de toute participation aux affaires publiques ; sans cesse son intervention apparente ou cachée décide des destinées de l'État, (les Sabines, Lucrèce, Virginie, Cornélie... (Gide, p. 111) ce qui faisait dire à Caton l'Ancien : Partout les hommes gouvernent les femmes, et nous qui gouvernons tous les hommes, ce sont nos femmes qui nous gouvernent (Plutarque). C'était alors la première période de l'histoire romaine où la femme n'était plus « l'esclave impuissante et opprimée, mais la matrone, la mère de famille vénérée des esclaves, des clients, des enfants, respectée de son mari, à laquelle une place d'honneur était réservée partout, à qui chacun cédait le pas, et sur le passage de laquelle tout le monde se rangeait, même le consul et ses licteurs (Plutarque, Romul, 20). Dans la seconde période, au contraire, avec la dissolution générale de la famille, « la femme conquiert une plus grande indépendance et s'affranchit à la fois de la tutelle et de la manus ». (Gide, 146). Le législateur se met alors à faire de la morale, parcequ'il n'y avait plus de mœurs.

Survient le christianisme qui révolutionnant la constitution de la famille, brise le despotisme domestique et recompose l'unité de famille, en liant tous ses membres par des devoirs mutuels. De plus, en assignant à l'homme et à la femme des devoirs séparés, il proclame le premier le principe de l'égalité entre les sexes. En imposant aux deux époux les mêmes devoirs, la loi chrétienne leur accordait aussi les mêmes droits (Gide). Le christianisme ne dit plus comme le législateur antique : le mariage doit enlever la femme à sa famille et laisser le mari dans la sienne, mais renversant en quelque sorte les rapports des deux époux, pour mieux rétablir entre eux l'égalité, il disait : l'homme quittera son père et sa mère et s'attachera à sa femme (St-Mathieu XIX, 5.) De même l'autorité paternelle se transforme en un devoir d'affection et de dévouement. Ce n'est pas aux enfants, disait St-Paul, à amasser du bien pour leurs pères, mais c'est aux pères à en amasser pour leurs enfants. (Epit. II, ad Corinth. XII, 14.) Alors sous les empereurs chrétiens, l'incapacité de la femme ne tient plus à son sexe, mais à sa position de femme mariée ; elle n'est plus fondée sur des nécessités d'ordre public, mais sur des rapports de famille et des intérêts d'ordre privé. (Gide, 220). L'Empire Romain disparaît sous les invasions des barbares. Il n'y a plus alors de droit que celui du plus fort et de propriété que pour celui qui peut manier l'épée. Le moyen âge arrive ; mais la nuit qui couvrit l'Europe quand la civilisation antique s'éclipsa, ne fut, comme l'a dit avec bonheur Macaulay, qu'une de ces nuits d'été des régions polaires où les dernières lueurs du soleil couchant se sont à peine effacées à l'horizon, que déjà commence à poindre une nouvelle aurore. (Machiavelli).

Aussi avec l'arrivée des temps modernes, voyons-nous apparaître l'évolution qui devait préparer le mouvement féministe contemporain.

la femme et de son éducation, mais ils ne peuvent retenir longtemps l'attention publique et leurs revendications tombent dans l'oubli. C'était trop tôt ; Il en était de même en Angleterre où en 1844 Richard Cobden osa pour la première fois exposer le principe des revendications féminines. Ses théories vinrent se heurter contre les rires de ses collègues, il n'insista pas. Mais vingt ans plus tard Stuart Mill devait reprendre l'initiative d'un grand mouvement pour faire donner aux femmes le droit de suffrage, et rallier les opinions de MM. Gladstone et Salisbury et finalement amener le Parlement anglais à voter les fameuses lois de 1870 et de 1882.

Le temps avait marché, les mœurs s'étaient transformées peu à peu, et l'heure était venue. Il en fut de même en France.

Ce n'est plus aujourd'hui en effet, qu'une société formée pour l'amélioration du sort des femmes, recevrait du Ministre de l'Intérieur un arrêté d'interdiction comme il y a vingt ans ! (1) — Aujourd'hui où l'on vient proposer la formation du Sénat par les Femmes, pour arriver à une représentation plus parfaite de la Société toute entière (2). Peut-être alors certain ministère qui n'est plus aujourd'hui, et auquel, suivant le mot de Voltaire, on ne doit plus d'égards, mais seulement la vérité, peut-être eut-il été plus correct dans ses rapports avec la Chambre Haute.

(1) M. Buffet, mars 1876.

(2) M. Godin : Le gouvernement, ce qu'il a été ce qu'il doit être, in-8° : Le suffrage ne sera réellement universel que lorsque les femmes n'en seront point exclues. Ce sera un beau rôle pour la femme que d'être appelée par l'institution d'un collège électoral spécial à compléter le suffrage universel et à faire pénétrer dans la vie politique, l'influence féminine en élisant et composant le Sénat. Les 2 chambres représenteront alors réellement la Société toute entière.

Cette idée vient d'être reprise et développée dans la *Revue des Femmes Russes* (Mme Marie Maugeret, rédactrice en chef) : remplacer le Sénat devenu impopulaire par une assemblée exclusivement féminine, pour faire contre-poids à la Chambre des députés masculins.

Il y eut cependant un certain étonnement qui se joignit à l'hilarité, avec laquelle on accueillit les renseignements qu'un journal indiscret publia vers la fin d'août, en révélant l'existence du nouveau club que possédait Paris : le Ladies Club. Ce cercle d'un nouveau genre, autorisé par la Préfecture de police, est installé provisoirement depuis le 1er janvier 1896 à Montmartre, 12 rue Duperré (1). Naturellement l'entrée en est interdite au sexe fort. Quant aux femmes mariées elles n'y sont reçues que si elles présentent une autorisation écrite de leur mari, d'en faire partie. Sa fondatrice Mme de Marsy lui a donné pour devise : Union, Bienveillance, Solidarité, Protection. Réussira-t-il? c'est possible ; tout dépendra de la façon dont le public acceptera cette nouveauté. L'armée des institutrices sans emploi et des professeurs de piano sans élèves peut bien distraire une de ses légions, qui ira dans les salons du cercle, dire du mal des hommes, la seule distraction que les statuts n'interdisent pas.

Si les femmes se tinrent à peu près tranquilles sous le premier et sous le second Empire, avec la Commune se se produisit un réveil du Féminisme aussi brusque que tumultueux. Le Cri du peuple en est l'organe attitré. Les apôtres sont : André Léo, Paule Minck, Séverine, Maria Deraismes, Hubertine Auclert, Louise Michel, etc. L'idée émancipatrice rencontre aussitôt dans le socialisme le grand entremetteur rêvé, qui « par des semblants d'égalité absolue paraît élever la Femme, tandis qu'il l'abaisse, ou la

---

(1) Ce petit hôtel avait logé autrefois plusieurs journaux et entre autres l'*Escrime Française*. Avant même le cercle féminin, il abrita une imprimerie anarchiste. — C'est décidément une maison bien parisienne. — Le fleuret va y être de nouveau en honneur, car plusieurs de ces dames ont l'intention de faire des armes avec Mme Dumont-Verner pour professeur. Il y avait déjà le cercle d'escrime des Dames, dirigé par Mme Gabriel.

dégrade » (1). Aussi la bannière du Féminisme est-elle alors républicaine, libre-penseuse, socialiste et anarchiste.

Mlle Daubié, la première française qui ait reçu un diplôme universitaire, fonde « l'Association pour l'Emancipation progressive des femmes ». Elle meurt en 1874 et alors Mlle Maria Deraismes prit la haute direction du *mouvement* ou plutôt elle le personnifia pendant vingt ans et « malgré ses succès personnels, lui fut plus nuisible qu'utile » (2). Celle qui put dire : Le Féminisme, c'est moi, fonda la « Société pour l'amélioration du sort de la femme », et eut l'honneur de diriger en 1881 les séances du premier congrès anticlérical que le président, M. Schœlcher, négligeait beaucoup. Elle y enthousiasma tellement un groupe d'électeurs, qu'ils voulurent la porter aux élections. Elle refusa.

En 1889, le grand philosophe qu'un de nos anciens bâtonniers (3) a eu l'heureuse idée de faire venir à Poitiers, M. Jules Simon, présida le Congrès Féministe. Maria Deraismes refusa la vice-Présidence, trouvant M. Jules Simon trop clérical ! Il y eut scission. M. Jules Simon n'en présida pas moins le « Congrès International des œuvres et institutions féminines » avec l'assentiment de M. Tirard, président du Conseil, et le concours de M. Yves Guyot, ministre des Travaux Publics. Mais la même année un second congrès se réunit sous les auspices de la « Société pour l'Amélioration du sort de la femme et la revendication de ses droits » et cette fois, Maria Deraisme présida.

Le caractère éminemment révolutionaire que Maria Deraismes donna aux premières revendications féministes, fut la plus grande cause de retard dans leur réalisa-

(1) Léon Richer.
(2) Mme Marie Dronsart : Le Mouvement Féministe.
(3) M. Paul Druet, président du comité poitevin de la Société Nationale d'Encouragement au bien.

tion. Néanmoins certains résultats ont déjà été obtenus :

Il en est un que l'on ne peut dénier : c'est l'accès aux femmes d'un grand nombre d'emplois qui leur était refusé jusqu'alors.

En 1877 eut lieu la première admission des femmes au Ministère des Postes. L'essai ayant réussi, on augmenta le nombre chaque année. La réseau des Téléphones leur fut confié dès sa création. Sur ce point la défectuosité du service donne peut-être quelques regrets à l'administration ; elle en donne certainement au public.

Dans les professions libérales, la médecine fut la première qui attira les femmes (1). Le docteur Dujardin-Beaumetz fut obligé de céder sa place de médecin-chef du lycée Fénelon, à Mme Chopin-Tourangin. Actuellement dans les lycées Molière, Racine, Lamartine (pour les jeunes filles) les places sont occupées par Mlle Benoît, Mme Bertillon et Mme Edward Pilliet

Enfin dans les arts comme dans les lettres, la femme française prend chaque jour un rôle plus important. Je n'insisterai pas, mais on ne peut passer sous silence après Mme Vigée-Lebrun, Rosa Bonheur, Madeleine Lemaire, Louise Abbéma, Mme Bertaux, Chaminade, Augusta Holmès, Gabrielle Ferrari, — après Mme de Staël et Georges Sand, Mme Adam, Mme de Rute, Judith Gauthier, Henry Gréville (Mme Durand), Daniel Lesueur (Jeanne Loiseau), Jeanne Mairet (Mme Ch. Bigot), Th. Bentzon (Marie-Thérèse Blanc), la comtesse Diane (comtesse Diane de Beausacq), Étincelle, (vicomtesse de Peyronny), Brada (comtesse de Puliga),

(1) Déjà en 1868, Mme Brès, bachelier ès-lettres et ès-sciences avait obtenu l'autorisation de suivre les cours de l'Ecole de médecine. Sa demande avait été transmise par le doyen Wurtz à M. Duruy, ministre de l'Instruction Publique. Le Conseil des ministres en fut saisi; l'Impératrice qui présidait le conseil enleva le vote en faveur de l'innovation : « J'espère, dit-elle, que ces jeunes femmes trouveront des imitatrices maintenant que la voie est ouverte. »

Gyp (comtesse de Martel de Janville), Marni (Mme Marnière), etc. ... (1)

Elles n'ont cependant pas pu forcer encore les portes de l'école des Beaux-Arts ni de l'Académie. Aussi Mlle Chauvin a-t-elle pu dire (2) que c'est un phénomène bien singulier, à une époque où les Lettres s'honorent des œuvres de femmes comme Mme de Stael et Mme Georges Sand, et ne se glorifient guère des poésies (pour ne citer qu'un seul nom) de M. Baour-Lormian de l'Académie française.

Les préoccupations de l'esprit n'ont pas pris la place des préoccupations du cœur. Ce sera toujours une des gloires du mouvement féministe, s'il ne produit pas autre chose, que d'avoir fait naître l'Union Internationale Universelle pour la Paix.

C'est à lui aussi que l'on doit la première idée de ces admirables sociétés reconnues d'utilité publique et qui s'appellent la Croix Rouge, l'Association des Dames Françaises et l'Union des Femmes de France. (3)

Enfin, devant cette violation si atroce des lois élémentaires de la nature, de la famille et de l'humanité, commise par tout un peuple, ordonnée par un gouvernement, et tolérée par l'Europe civilisée, le parti féministe ne put rester insensible et inerte. Mme Griess-Traut, la doyenne des Féministes de France, adressa à la Chambre des députés, une protestation énergique, contre l'outrage fait aux Arméniennes (4). Cet élan généreux n'ayant pu vaincre l'in-

(1) Il faut également citer parmi les explorateurs : Mᵐᵉ Bonnetain et Jane Dieulafoy.

(2) Jeanne Chauvin. Des professions accessibles aux femmes. — Thèse pour le Doctorat soutenue à Paris le 2 juillet 1892. P. 276.

(3) A citer aussi la part prise par le parti féministe au Congrès pour la Repopulation, réuni à la mairie de la rue Drouot, sous la présidence de M. Levasseur, Membre de l'Institut, et notamment les discours de Mᵐᵉˢ Maria Pognon et Potonié-Pierre. (Décembre 1896).

(4) Voir le discours prononcé au nom des Femmes Arméniennes au Congrès

différence universelle, quelques déléguées eurent l'idée d'en appeler au cœur de celle vers qui convergaient alors tous les regards, celle qui devait être pendant les journées mémorables des 6-7 octobre derniers, l'idole de la France, et la reine de Paris, pour la prier de se servir de son influence afin d'arrêter la main du Sultan. La Czarine consentit à accorder une audience, à condition que cela demeurât secret, jusqu'à ce qu'elle eut quitté l'Angleterre. Trois déléguées seulement furent reçues à Balmoral. Sa Majesté répondit : « que jusqu'à présent elle s'était peu mêlée de politique, « mais elle se déclara toute prête à faire tout ce qui serait « en son pouvoir, pour tâcher de susciter une croisade, « contre ce qui se passait à Constantinople » (1).

Tous ces résultats ainsi obtenus, ne sont que la conséquence des efforts individuels de quelques fervents apôtres; car les Féministes sont loin d'être unis. Comme dans tout ce qui se fait en France, la division émiette les groupes, et cette désunion détruit toute la force de leurs revendications (2). Aussi n'y a-t-il encore qu'une seule Société (3) qui soit arrivée à un résultat, c'est l'*Avant Courrière*.

L'*Avant Courrière* fut fondée en 1893 par Mme Schmahl

Féministe international, — et les Massacres en Arménie, par Mme Hudry-Menos.

(1) « Il serait difficile, ajouta l'Impératrice, de concevoir une action plus na-« turelle à la femme, et plus chrétienne, que d'aider à adoucir les souffrances « des pauvres Arméniens. Soyez assurées que la cause que vous avez à cœur « possède mes sympathies les plus vives. » (Whitehal Review).

(2) Les congrès se réunissent cependant assez régulièrement. Au mois d'avril dernier il y en eut un à Paris. Un nouveau vient de se terminer à Berlin. En 1897 la réunion sera à Bruxelles et pour 1898 les représentants se sont déjà donné rendez-vous à Londres sous la présidence de Mme la comtesse Aberdeen.

(3) On en compte actuellement près de 18 dont les principales sont : la Société pour l'amélioration du sort de la femme et la revendication de ses droits, fondée par Maria Deraismes et présidée actuellement par sa sœur Mme Féresse-Derais-mes, — L'égalité, présidée par Mme Vincent. — La Ligue du droit des femmes par Mme Pognon. — L'Union Universelle des femmes par Mme Chéliga-Lévy — La Solidarité par Mme Potonié-Pierre. — La Libre-Pensée par Mme Julie Pasquier. — Les Féministes chrétiennes par Mlle Maugerai.

avec le concours de Mme Adam et de Mme la duchesse d'Uzès. Depuis quelques jours Mme la duchesse d'Uzès, en acceptant de remplacer Mme Schmahl à la présidence, est venue atteler au féminisme ces robustes chevaux de renfort qu'on appelle un grand nom, une vaste influence et une immense fortune.

Mme Schmahl avait senti le danger qu'il y avait de mêler les polémiques religieuses et politiques à une question surtout économique, et « de faire du républicanisme la condition *sine qua non* de toutes les vertus » (1). Elle se dit qu'avant tout il faut vivre ; or les femmes qui travaillent dans ce but constituent une énorme majorité, et la loi les paralyse de son mieux en leur ôtant la libre disposition de leur gain.

Obtenir pour la femme en général le droit de servir de témoin dans les actes publics et privés, et pour la femme mariée le droit de toucher elle-même le produit de son travail et d'en disposer librement, telle a été la tâche à laquelle Mme Schmahl a voué son cœur et son énergie (2).

« Un matin, le 18 janvier 1894, Paris en s'éveillant vit ses murs couverts d'immenses et flamboyantes affiches, représentant un paysage aride, et à l'horizon au-dessus d'une colline d'accès facile, un soleil levant. C'était l'affiche de l'*Avant Courrière !* » (2).

Au mois de mars suivant un député, presque un compatriote, M. Léopold Goirand, de Melle, offrit son appui à Mme Schmahl.

---

(1) M<sup>me</sup> Marie Dronsart: le Mouvement Féministe.
(2) C'est aussi ce que réclamaient M<sup>mes</sup> Rohrlach et Zetkin au congrès socialiste de Breslau dans la séance du mardi 8 octobre 1895. « Nous réclamons l'abolition de la tutelle humiliante que l'homme fait peser sur nous. Qu'on la remplace par une protection législative empêchant que l'homme puisse prendre et gaspiller le salaire de l'épouse.... Nous voulons rompre nos chaînes, la femme est maintenant l'esclave de l'homme. »

Le 9 juillet il présentait à la Chambre (1) une proposition de loi ainsi conçue : Quelque soit le régime adopté par les époux, la femme a le droit de recevoir sans le concours de son mari, les sommes provenant de son travail personnel et d'en disposer librement. — Les pouvoirs ainsi conférés à la femme ne feront point échec aux droits des tiers contre les biens de la communauté. »

Le même jour MM. Louis Jourdan, Dupuy-Dutemps et Montaut déposaient pour la seconde fois un autre projet (2) qu'ils avaient déjà soumis à la Chambre, le 22 juillet 1890 (3).

Ce projet leur avait été inspiré par deux éminents jurisconsultes de la Faculté de Droit de Paris, MM. Glasson et Jalabert et était patronné par la Ligue Française pour le relèvement de la moralité publique.

M. Jourdan exigeait l'inconduite du mari, la mise en péril des intérêts du ménage, et quand ces conditions se trouveraient réunies, la femme pourrait alors obtenir du juge de paix et cela sans demander la séparation de biens, le droit de toucher elle-même les produits de son travail et d'en disposer librement.

De plus, en cas d'abandon, la femme pourrait en outre obtenir du juge de paix l'autorisation de saisir arrêter et de toucher les deux tiers des salaires ou émoluments du mari, si elle a à sa charge des enfants issus du mariage, le tiers si elle n'en a pas.

Dans le projet de 1894 cette quotité fixe de un ou deux tiers des salaires du mari est devenue une part indéterminée en proportion de la charge de la femme et du nombre des enfants.

(1) J. Off. Doc. Parl. Ch. 1894. II. Annexe 801. P. 1133.
(2) J. Off. Doc. Parl. Ch. 1894. II. Annexe 803. P. 1135.
(3) J. Off. Doc. Parl. Ch. 1890. II. Annexe 862. P. 1629.

Enfin la signification du jugement autorisant la femme à toucher une partie des salaires du mari, vaut saisie-arrêt, quand elle est faite à la fois au mari et au patron débiteur d'émoluments.

M. Goirand fut nommé rapporteur des deux propositions; il les a fondues ensemble, selon le désir de la commission, ou plutôt il les a réunies en une seule, à laquelle il a laissé son nom, et qui est devenue la loi votée par la Chambre le 27 février dernier.

L'article unique de la proposition Goirand constitue l'article premier, et la proposition Jourdan forme les 6 autres articles.

Cette loi dont l'importance n'échappe à personne, a été votée sans un seul mot de discussion. Il est vrai que l'urgence avait été demandée par M. Goirand, et que le gouvernement par la bouche de M. Louis Ricard, garde des Sceaux, s'y était associé. Un seul député protesta. On le força au silence en lui répondant que le projet était déposé depuis 4 ans (1).

L'avis de la commission, ratifié du reste par le vote de la Chambre, fut de supprimer toutes les conditions et les formalités judiciaires et de conférer à la femme un droit absolu sur les fruits de son travail.

On a pensé, — peut-être à tort — que l'obligation pour la femme de citer son mari en justice, dans le but si légitime de toucher le salaire de son propre travail, était pleine d'inconvénients, qu'elle pourrait devenir le principe de

_____

(1) M. Emile Lorois · — Il est regrettable que des questions de cette importance soient l'objet d'une demande de déclaration d'urgence qu'on ne pouvait prévoir, de sorte qu'en réalité toute discussion se trouve supprimée. très bien, très bien à droite).

Louis Jourdan (Lozère) Il y a 4 ans que les propositions sont déposées. Séance de la Chambre des Députés du 27 février 1896.
Journal ofhciel du 28 février 1896.

conflits violents au foyer conjugal et conduire souvent, soit à la séparation de corps, soit à la dissolution du mariage.

D'un autre côté la seule consécration du droit pour la femme de disposer du fruit de son travail ne constituait pas une mesure suffisante. Il ne fallait pas inscrire dans la loi nouvelle, au profit de la femme, le même abus que la législation actuelle a consacré au profit du mari, et permettre à la femme de dissiper ses gains sans participer en quoi que ce soit aux charges du ménage.

Aussi le mari a-t-il le droit de saisir les salaires de la femme, en vertu d'une autorisation de justice, jusqu'à concurrence de la proportion à déterminer par le juge, pour les affecter aux besoins du ménage. Mais l'exercice de ce droit est subordonné à l'existence d'enfants: car s'il n'y a pas d'enfant, il semble contraire à la dignité de l'homme de réclamer à son profit une part quelconque des salaires que la femme gagne par son travail (1).

Il a paru équitable de sanctionner, au profit de la femme, l'obligation réciproque, et de l'autoriser, mais au cas seulement où le mari a abandonné le domicile conjugal, à faire saisir son salaire dans la mesure équitable qui sera appréciée par le juge. Il est à remarquer cependant que le mari et la femme n'exercent pas ce même droit dans des conditions d'égalité absolue: le mari peut en toutes circonstances citer sa femme devant le juge de paix, établir qu'elle dissipe son salaire, qu'en tout cas elle n'en utilise aucune partie pour subvenir aux charges communes, et obtenir du juge l'autorisation de la contraindre par la voie de la saisie arrêt.

Ce même droit absolu ne pouvait être accordé à la femme

---

(1) Cependant Montaigne a dit : « Il est ridicule et injuste que l'oisiveté de nos femmes, soit entretenue de notre sueur et de notre travail. »

sans porter atteinte au principe de la puissance maritale et créer une cause de conflit permanent dans le ménage. La femme se serait ainsi substituée au mari dans l'administration de la communauté en se faisant investir par le juge du droit de toucher les propres salaires du mari pour les employer comme elle l'aurait jugé utile à l'intérêt commun.

C'était par une procédure sommaire consacrer la déchéance du mari et investir la femme de l'administration de la communauté.

Il fallait éviter une pareille conséquence ; aussi n'a-t-on donné à la femme le droit de saisir les salaires du mari, qu'autant que lui-même, en abandonnant le domicile conjugal, aura ainsi volontairement abdiqué ses droits de chef de la communauté.

Cette proposition de loi conserve la communauté légale comme le régime de droit commun, et ne permet ni au mari, ni à la femme, de se constituer en propre les fruits de leur travail. La femme acquiert le droit d'en disposer, mais si elle les emploie à l'acquisition d'un bien mobilier ou immobilier, ainsi transformés, ils tombent dans la communauté.

Il en est de même, si au lieu de les dépenser comme la loi lui en donne le droit, elle les économise. Dans l'un et l'autre cas, le salaire dont la femme n'a pas disposé, est laissé à l'administration du mari et devient le gage des créanciers.

Si nous envisageons le droit des tiers, les conséquences sont faciles à déduire.

Tant que le gain de la femme n'a pas été perçu par elle, il ne peut être appréhendé par le mari, que dans la mesure et sous les conditions prévues par la loi. Les créanciers du mari ne peuvent avoir plus de droits que lui, ils ne seront pas même admis à exercer les droits de leur débiteur contre les salaires de la femme, parce que ces droits sont un dérivé de la puissance maritale, qui seule appartient au mari, à l'exclusion des tiers.

Les créanciers de la communauté ou du mari, ne pourront donc en aucun cas, saisir les gains de la femme ; mais il en serait autrement des créanciers personnels de la femme, qui ont pour gage tous les biens de leur débitrice, y compris les fruits de son travail.

Au regard des tiers comme au regard de son mari, dès que la femme a appréhendé ses salaires, et qu'elle en a disposé, elle a épuisé son droit. Il en est de même si au lieu de les dépenser, elle les laisse subsister sous forme d'économies. Ils sont alors abandonnés à l'administration du mari et, comme les autres biens de la communauté, peuvent être saisis et réalisés par les créanciers.

En un mot le but que nous avons poursuivi, disent les rédacteurs, c'est de permettre à la femme de pouvoir affecter les produits de son travail, soit aux besoins de sa famille, soit aux siens personnels ; mais nous n'avons pas voulu aller au delà. Notamment nous n'avons pas cru pouvoir attribuer à la femme un droit qui est refusé au mari, celui de constituer un patrimoine distinct qui eut été la négation même de notre droit commun, celui de la communauté, et eut engendré dans les rapports avec les tiers des procès incessants, d'une solution difficile et donné lieu souvent à des combinaisons frauduleuses, pour échapper aux justes revendications des créanciers.

J'indiquerai dans un instant que les rédacteurs n'ont pas atteint le but vers lequel ils tendaient. En effet, actuellement, toute femme mariée sans contrat de mariage, est censée avoir adopté le régime de communauté. Aussi est-ce lui qui régit la très grande majorité des citoyens et presque la généralité des unions formées sans patrimoine (1). C'est le cas général pour les ouvrières, à quoi servirait de faire un contrat de mariage, lorsqu'on n'apporte rien en ménage, sauf sa jeunesse et ses illusions. Le chef absolu de la communauté est alors le mari. Or, dans la communauté tombent tous les biens acquis au cours du mariage et en premier lieu les fruits du travail de chaque époux. La femme ne peut disposer de rien sans l'autorisation du mari. Celui-ci au contraire en ce qui touche les biens mobiliers, est seul juge de l'emploi à faire des ressources de la famille, seul maître de l'argent gagné par tous. Ce système a des avantages qu'on ne peut dénier. Il a tout d'abord celui de la logique. En acceptant le mariage, la femme doit en accepter aussi toutes les conséquences. Puisque l'on met tout en commun, bonheur et chagrin, richesse et pauvreté, on cherche à réaliser l'union la plus plus complète, la fusion de deux êtres en un seul. La communauté ne peut supporter deux maîtres. Il en faut un seul, le mari. Puisque celui-ci reçoit les responsabilités d'une famille, il doit aussi en avoir les privilèges, qui seuls lui permettent d'accomplir sa tâche. C'est lui enfin qui pourra le plus utilement traiter avec les tiers, en engageant les ressources communes des époux, et trouver plus aisément le crédit parfois nécessaire au ménage.

Mais hélas ! C'est là le ménage idéal, celui où chaque époux ne songe qu'à l'intérêt commun et se dévoue pour le bien-être de la famille. Rien n'est plus faux peut-être qu'un code (2). Il donne l'idée d'une société magnifique, soucieuse

(1) La statistique prétend que 5 0/0 des mariages se font sous le régime de la communauté.
(2) J. Bonzon.

de la justice, ardemment attachée à l'équité. Mais derrière la belle façade légale, on voit les fissures de l'édifice, l'inobservation parfois générale des lois anciennes, quoique toujours inscrites dans les textes, ou tout au moins les accomodements qu'on sait avoir habilement avec elles. Les Codes enseignent la Société telle qu'elle devrait être, bien plus que la Société telle qu'elle est. Il en est ainsi manifestement pour le mariage. Sans doute, les époux se doivent mutuellement fidélité, secours, assistance. Se les donnent-ils toujours? L'augmentation croissante des divorces ne montre-t-elle pas que la désunion grandit dans les familles, surtout dans les familles ouvrières, où la décence et le bon ton, ne viennent pas commander une intimité apparente? Le résultat, il est bien connu : c'est l'homme quittant la chambre où rien ne lui plaît, et allant boire au dehors l'argent de la semaine. Puis quand ses propres ressources sont épuisées, il prend bien vite l'argent gagné par sa femme, n'ayant appris de la loi, comme la plupart des citoyens, que les droits qu'elle lui confère.

« Le cabaret est du consentement de tous le plus grand « ennemi du progrès matériel et moral. » Cette plaie du « cabaret est abominable, s'écrie M. Jules Simon (1), c'est « la maîtresse plaie, dont toutes les autres ne sont que la « conséquence.

« Un grand nombre d'ouvriers ne font que traverser la « rue pour aller de la caisse où ils ont reçu leur salaire, au « cabaret où ils le perdent. Ils y reviennent le lendemain, « le surlendemain, jusqu'à ce qu'ils n'aient plus ni argent « ni crédit. La femme et les enfants pendant ce temps-là, « souffrent du froid et de la faim. Ils rôdent autour du « cabaret comme des ombres, espérant être aperçus et se

(1) Jules Simon : *Le Travail*, p. 241 et suiv.

« disant qu'après tout, un père devrait être capable de
« pitié ou de remords. Mais ce n'est plus un père, ce n'est
« même plus un homme. S'il n'est que ruiné et malade au
« sortir du cabaret, et s'il n'a pas donné ou reçu un mau-
« vais coup, la famille doit s'en féliciter. Un ivrogne qui
« entre dans un cabaret, n'est jamais sûr de ne pas entrer en
« prison le lendemain » (1).

La loi croyait protéger la femme avec son système de
la communauté où le mari apparait comme un chef tutélaire.
Elle en a fait trop souvent un « exploiteur », pour qui
l'épouse n'est qu'un « gagne-pain », on pourrait même dire
un « gagne-boisson » (2).

Le Code civil de 1804 ne pouvait prévoir cette situation.
L'industrie était alors peu développée, l'ouvrière existait à
peine, la femme restait à son foyer, soutenue par le seul
travail du mari. Puis le premier Consul était là, avec ses

(1) La tendance au vol est un phénomène digne d'être cité dans les intoxi-
cations alcooliques (Docteur Morel, *Traité* des dégénérescences physiques
intellectuelles et morales de l'espèce humaine, note de la page 137.)
« Le plus grand malheur, c'est que les ivrognes engendrent des enfants
« idiots, de sorte que la punition se poursuit de génération en génération,
« du père coupable ou dégradé aux enfants innocents...
« Que fait-on pour combattre ce fléau? quelques sermons qu'on n'écoute
« pas, quelques arrêtés municipaux qu'on n'exécute pas, quelques lamen-
« tations qu'on ne lit pas ; ce n'est pas assez pour justifier une société qui
« laisse une telle peste grandir, comme si l'industrie la traînait à sa suite par
« une conséquence fatale... Personne ne peut croire, personne n'oserait dire
« que les malheureux qui vont au cabaret se ruiner et s'empoisonner ont une
« excuse. Cependant, songez aux douze heures que ces ouvriers ont passé
« dans l'atelier, douze longues et fatigantes heures, sans aucune distraction,
« sans avoir même le plaisir de voir leur ouvrage croître et s'achever sous
« leurs mains, car l'ouvrier de fabrique n'est qu'un rouage, il ne peut s'inté-
« resser à ce qu'il produit. Après ces douze heures, si épuisantes, si mono-
« tones, suivez-le dans la neige et le verglas, lorsqu'il sort de l'atelier ; montez
« ces rampes vermoulues, couvertes d'ordures, qui mènent à sa chambre ;
« entrez avec lui dans l'affreux taudis où ne l'attend pas toujours son repas,
« parce que sa femme est ouvrière comme lui, où il ne boit jamais de vin
« parce que le vin est trop cher, où il ne respire pas, parce que l'air respi-
« rable est encore plus cher que le vin, où il n'a pas de meubles, parce que la
« maladie et le chômage ont emmagasiné ses meubles au Mont-de-piété, où
« il ne trouve enfin ni feu, ni couverture, ni sommeil »...
(Jules Simon, *Le Travail*, p. 241.)
(2) J. Bonzon.

idées, que le Mémorial de Ste-Hélène, nous montre n'avoir pas varié :

Il y a une chose qui n'est pas française, c'est qu'une femme puisse faire ce qu'il lui plaît (1). — La femme est la propriété de l'homme, comme l'arbre à fruit est celle du jardinier (2). — Un mari doit avoir le droit de dire à sa femme, Madame vous ne sortirez pas, Madame vous ne verrez pas telle ou telle personne (3).

Depuis la situation a changé. Le Code n'est pas une institution à laquelle on ne puisse toucher (4), et comme Solon, on peut dire encore aujourd'hui : « Les seules lois vraiment bonnes, sont les meilleures qu'il soit possible de faire dans les circonstances où l'on se trouve ».

Or le grand fait social de ce siècle, c'est l'industrialisation de la femme ; la femme obligée pour vivre de se jeter dans l'arène de la concurrence (5). Ce mouvement date en

(1) Rapporté dans une conférence de Legouvé. La Femme en France au xixe siècle, séance du 20 mars 1864.

(2) Mémorial de Sainte-Hélène.

(3) Discussion du Code civil.

(4) C'est du mauvais conservatisme que de considérer le principe de l'autorité maritale tel qu'il est inscrit dans le Code civil, comme un dogme absolu, supérieur à toute réforme. (GALOPIN : La Réforme du droit matrimonial discours prononcé à la séance solennelle de rentrée de l'Université de Liège, le 16 octobre 1894).

(5) Si la femme a été obligée d'entrer à l'atelier ou à l'usine, c'est uniquement parce que le salaire du mari seul était absolument insuffisant à subvenir à l'entretien du ménage.

Mais le salaire de la femme est encore plus faible que celui de l'homme, et dans beaucoup de professions insuffisant à subvenir aux besoins mêmes de l'ouvrière.

Combien y a-t-il en effet de femmes peintres sur porcelaine de Sèvres, touchant 8 fr. par jour ? un nombre excessivement restreint. Dans les imprimeries on donne 0 fr. 65 pour le mille de lettres ce qui permet d'arriver à 6 fr. par jour, mais avec une extrême difficulté. La fleuriste gagne assez facilement 5 fr. mais elle ne travaille que 4 mois sur 12. Les brodeuses, métier très bon, mais très difficile, aussi sont-elles peu nombreuses, reçoivent 4 fr. Les couturières moyennes ont de 2 fr. 50 à 3 fr. Dans les Manufactures de tabacs, la solde est de 2 fr. 75. Les lingères qui forment la corporation [la plus nombreuse, arrivent à gagner de 2 fr. à 2 fr. 50 ; [mais si elles travaillent pour les maisons d'exportation, elles ne peuvent plus prétendre qu'à 1 fr. 75. Les articles de confection que les Grands Magasins vendent 2 fr. 75 et 2 fr. 50 sont livrés par

réalité du commencement du siècle ; il s'est produit con-
temporainement à ces deux autres faits sociaux : le machinisme, la concentration du capital (terre, argent, outils).

« Le machinisme supprimant l'outil, le savoir technique,
l'adresse et la force, ne réclamant plus qu'assiduité et vigi-
lance, a appelé dans la vaste usine remplaçant la chambre
étroite de l'artisan, la femme d'abord, l'enfant ensuite » (1).

Les Psychologues, comme les Économistes, ont constaté le fait : Développement du meurtre, de la prostitution,
du travail intellectuel, c'est-à-dire représailles sur l'homme,
exploitation de l'homme, concurrence à l'homme : telle est
la triple indication nouvelle et symptomatique que nous
donne la femme moderne (2). — Si à l'origine du système
de production, le travailleur masculin s'est épuisé à lutter
contre le travailleur masculin, aujourd'hui c'est un sexe
qui lutte contre l'autre, et par la suite on luttera âge contre

des entrepreneurs qui touchent 0 fr. 60 par pièce, et eux-mêmes les reçoivent
d'ouvriers qu'ils paient 0 fr. 50. En admettant qu'on puisse faire deux articles
et demi par jour, on arrive à un salaire de 1 fr. 25. Si on songe aux deux mois
de morte-saison, on arrive comme moyenne du salaire quotidien à 0 fr. 80 ou
0 fr. 90, C'est ce que peut prétendre gagner, mais avec Dieu seul sait quelle
ardeur, la couseuse de sacs, l'industrie la moins rémunérée, qui est payée
0 fr. 15 par douzaine. Il faut six douzaines, soit 72 sacs par jour, pour faire
0 fr. 90. — Aussi M. d'Haussonville peut-il dire avec raison, qu'on ne sait
pas assez ce que chez ces petites ouvrières de Paris, dont les unes ont l'air si
évaporé, mais les autres si décent et si digne, il se cache de stoïque vertu ;
on ne sait pas assez grâce à quels prodiges d'économie, de sobriété, et de pri-
vations, elles parviennent à soutenir non seulement elles-mêmes, mais parfois
une mère infirme ou des sœurs en bas âge, rognant sur toutes les dépenses,
ne buvant jamais de vin, mangeant rarement de viande, et le jour où le travail
manque vivant avec quelques sous de pain et de lait. Lorsqu'on réfléchit que
beaucoup de ces jeunes filles passent leurs journées à manier des étoffes de
soie, à ourler des peignoirs de dentelles et que dès l'enfance, elles savent parfaitement à quel triste et facile prix tout ce luxe peut s'acquérir, il faut recon-
naître que dans notre grande cité, plus corrompue peut-être en apparence
qu'en réalité, il n'y a rien d'aussi digne de respect que ces modestes existen-
ces, et d'aussi grand que ces humbles vertus.

(La vie et les salaires à Paris. *Revue des Deux-Mondes*, 15 avril 1883.)

(1) Aline Valette : — La Femme et la question sociale : *De la situation économique des femmes*.

(2) A. Dumas. Les Femmes qui tuent et les Femmes qui volent, p. 179.

âge. Voilà ce qui constitue l'ordre moral dans l'industrie moderne (1).

La concurrence qui est le corollaire de la liberté, implique nécessairement l'hostilité, et s'il est vrai que Ceci tuera Cela, si la Femme a tué l'Homme, l'Enfant tuera la Femme.

N'est-ce pas, en effet un des buts vers lequel tendent toutes les préoccupations des inventeurs : faire des machines qui produisent les plus grands effets, sous l'unique direction de la plus petite force, et trouver des mécanismes assez simplifiés, pour qu'un enfant puisse en devenir le maître absolu. Horace Mann a dit, non sans éloquence (2) : au lieu de bras de fer, des épaules d'Atlas et des poumons de Borée, Dieu nous a donné un esprit, une âme, la capacité d'acquérir des connaissances, et de nous approprier ainsi toutes les forces de la nature pour notre usage. Sans une intelligence cultivée, l'homme est la plus faible des forces dynamiques, avec une intelligence cultivée il les domine toutes. — Et alors le machinisme triomphe, et les inspecteurs de fabrique nous rapportent des réponses comme celle-ci : — Avec l'ancien système, j'employais 63 personnes, après l'introduction de machines perfectionnées, je réduisis mes ouvriers à 33, et plus récemment par suite de nouvelles et importantes modifications, j'étais en mesure de les réduire de 33 à 13 (3). C'est donc une diminution de personnel de près de 80 0/0 avec la même production.

Et n'y a-t-il pas lieu d'être plutôt effrayé que déconcerté, par cette nouvelle que les journaux français apportaient au

---

(1) Bebel : — *La femme dans le passé, le présent et l'avenir*, traduction française de Henri Ravé, p. 150.

(2) Peschine Smith: *Manuel d'Économie Politique*, p. 85.

(3) Extrait du discours prononcé en 1871 à Bradford par l'inspecteur de fabrique A. Redgrave rapporté en note dans Bebel : La Femme dans le passé, le présent, l'avenir, p. 157.

mois de septembre dernier, de l'expérience faite dans une manufacture de papier d'Elsenthal, où il n'avait fallu que 2 h. 25 pour convertir le bois d'un arbre vivant, pris dans une forêt, en un journal prêt à être lu (1).

Le Code, comme le Dictionnaire, doit suivre les traces du progrès et donner une consécration aux faits accomplis.

La proposition Goirand intervient dans ce but. Mais en donnant à la femme la pleine et entière disposition de ses salaires, ne doit-on pas craindre d'aggraver encore la désunion dans les familles?

Les mauvais ménages ne sont pas encore la règle et c'est toujours une exception qu'un foyer où le mari, loin d'apporter sa paie prend celle de sa femme et prend aussi le pain de ses enfants. En disant à la femme que dorénavant elle est seule maîtresse de son salaire, qui constitue le plus souvent toute sa fortune, ne lui donne-t-on pas davantage l'idée que le mariage n'est plus qu'une association où chacun gouverne

(1) Le 17 avril 1896, deux des propriétaires de l'usine — accompagnés d'un notaire, — se rendirent dans une forêt voisine d'Elsenthal, à 7 h. 35 du matin. Trois arbres furent abattus en leur présence, portés à l'usine, coupés en morceaux de 0ᵐ30 de longueur, décortiqués et convertis en pulpe, puis en pâte à papier. La première feuille sortait de la machine à 9 h. 34.
Quelques feuilles furent portées en hâte à une imprimerie située à 4 kilomètres de l'usine, et à 10 heures précises — le tabellion certifiant toujours l'authenticité des épreuves — un journal était imprimé.
Lequel de nos usiniers français va tenter de battre ce record?
Sans rappeler la plaisante histoire de cette machine extraordinairement perfectionnée, à l'une des extrémités de laquelle il suffisait de placer un lapin vivant pour retrouver, quelques minutes après, à l'autre extrémité, un chapeau haute forme tout fait, à la mesure de l'acheteur il paraîtrait que cette fantaisie serait à peu près devenue une réalité. Le Journal des Débats du 17 Août 1896 annonce qu'on voit à l'Exposition internationale de cuirs et chaussures, à Islington (Angleterre) une machine à souliers qui fonctionne d'une façon analogue. Le cuir brut entre à un bout de la machine et sort à l'autre bout, sous la forme de souliers achevés, et cela dans un espace de temps très court. Pour donner une idée de l'économie de temps et de besogne, il suffit de rapporter le petit calcul suivant : ce qui, fait à la main exigeait trente-cinq minutes, n'exige plus, avec la machine, que quinze secondes ; c'est-à-dire que le possesseur de la machine, fabrique cent quarante fois autant de produits que ses concurrents qui emploient la main d'œuvre... C'est à merveille ; mais ces « souliers instantanés » vont-ils bien? *That is the question*

et domine? Avec cette réforme on améliore sans doute le sort de quelques malheureuses, mais on affaiblit en même temps le lien conjugal dans tous les ménages.

La réforme de M. Goirand est parfaitement possible, si on lui laisse comme au mal qu'elle veut combattre, son caractère d'exception. Il suffit d'autoriser la femme dont le mari dissipe le salaire péniblement acquis à réclamer du juge de paix la libre disposition de ce salaire.

L'intention du projet Goirand est excellente, mais sa forme actuelle est médiocre. Sans le caractère d'exception que j'ai indiqué, il se trouvera en contradiction avec d'autres lois et aggravera encore ce chaos législatif, où nous nous enfonçons chaque jour davantage.

Ainsi d'après la loi du 9 avril 1881 la femme mariée peut faire des versements à la caisse d'Epargne postale, sans avoir besoin de l'autorisation de son mari. Son livret est sa propriété ; le mari, n'y a aucun droit. — Si au lieu de convertir ses économies en livret, elle achète un titre de rente ou une obligation, d'après la loi Goirand ses salaires ainsi transformés, tombent dans la communauté et deviennent la propriété du mari. Pourquoi cette différence ?

M. Franck va même jusqu'à dire que le projet Goirand constitue une prime à l'inconduite, à l'immoralité et au désordre des femmes. Les rédacteurs pourront en être surpris et il y a de quoi, mais d'après lui, en décidant que les biens acquis par la femme avec ses gains personnels appartiendront à la communauté, le projet encourage les femmes à ne faire aucune économie, à se montrer imprévoyantes, et à gaspiller elles-mêmes sur le champ tout le fruit de leur travail (1).

(1) Voir dans la *Ligue,* organe belge du droit des femmes, la critique de la proposition Goirand faite par Mlle Jeanne Chauvin. Voir aussi dans la *Revue*

Aussi en présence de ces critiques, les premiers inspirateurs de cette loi, M^me Schmahl et l'*Avant-Courrière*, espèrent-ils que le Sénat y apportera des modifications. Ils rappellent alors la proposition originaire qu'avait formulée M^lle Jeanne Chauvin, conseil judiciaire de l'*Avant-Courrière*. M^lle Jeanne Chauvin, la seule Française docteur en droit, actuellement professeur dans un lycée de Paris, proposait de donner à la femme mariée, non seulement la libre disposition de son salaire, mais encore celle des biens meubles ou immeubles acquis avec ce salaire.

C'est peut-être aller bien vite et bien loin ; cependant de deux choses l'une ; — le ménage est heureux, le mari ne gaspille par ses salaires, l'union règne dans la famille ; alors rien ne serait changé pour ainsi dire dans la situation actuelle ; la femme remettra ses gains à son mari, ou plutôt ils se mettront d'accord sur l'emploi des deux salaires. — Si au contraire, le mari déserte son foyer pour le cabaret, abandonne sa femme et ses enfants, gaspille l'argent gagné par eux, la femme pourra au moins sauver l'argent qui lui appartient.

Ce ne serait somme toute, que faire pour les ouvriers ce qui existe déjà pour les gens aisés ou riches. En y réfléchissant un peu, ne voit-on pas la même situation, mais sous une autre forme ? Si ce n'est plus l'ivrognerie, c'est le jeu, qui ruine et entraîne les mêmes conséquences. Mais alors les abus du mari ont un frein dans le contrat de mariage. Le régime dotal ou la séparation de biens empêcheront le mari d'anéantir les revenus de sa femme. Ce remède n'existe pas pour les pauvres gens et ne peut s'appliquer au salaire gagné sou par sou.

*Politique et Parlementaire* du 10 septembre 1896, l'article de M. H. Pascaud. conseiller à la Cour d'appel de Chambéry.

Aussi la réforme de l'*Avant-Courrière* doit-elle être dési-
rée, d'autant plus peut-être, qu'elle profitera surtout à une
catégorie exceptionnelle de malheureuses (1).

Comme le dit M. Veuillot : l'état social serait infini-
ment meilleur, a la fois plus conforme à la justice et plus
propre à établir la paix sociale, où le gain du mari suffirait
à soutenir la famille entière, où la femme aurait le temps
de vivre à son foyer, d'élever ses enfants, d'offrir à son mari,
à moins de frais, un intérieur plus confortable et plus sédui-
sant que le cabaret.

Il ne serait plus question, alors — et combien cela vau-
drait mieux ! — du salaire de la femme. Mais un état social
de ce genre est encore bien loin : en attendant qu'il paraisse,
et même en travaillant à le faire advenir, il faut conformer
les lois aux poignantes nécessités de la situation actuelle.
Or, tant que la femme mariée aura besoin de gagner un salaire personnel, elle aura généralement besoin de le conserver : la loi doit par conséquent, lui en assurer la libre disposition ».

*L'Avant Courrière* réclamait aussi pour la femme le
droit d'être témoin dans les actes de la vie civile. Presque
tous les États d'Europe donnent à son témoignage la même

---

(1) La plupart des pays d'Europe ont modifié déjà leur législation, pour donner
à la femme mariée, la libre disposition des fruits de son travail. Voir notamment, en Angleterre, les lois du 8 Août 1870 et du 18 Août 1882 (Annuaire de
législation étrangère, 1894. P. 57). — Le projet de Code civil allemand (2ᵐᵉ
lecture § 1266.) Bulletin de législation comparée. 1876. P. 173. — En Suède la
loi du 11 Décembre 1874. Annuaire de Législation étrangère 1881. P. 533. —
En Danemark la loi du 7 mai 1880. — En Norwège la loi du 29 juin 1888,
Chap. V. Article. 31. Annuaire de Législation étrangère 1889. P. 770. — Et
pans le Grand Duché de Finlande la loi du 15 Avril 1889. Id. 1890, p. 821. —
Voir aussi dans le Bulletin de la Société deLégislation comparée 1896. P. 168.
Séance du 15 Janvier 1896 la communication de M. Bufnoir sur la loi Gène-
voise du 7 novembre 1894 et les observations de MM. Lyon-Caen et Challa-
mel ainsi que celles de MM. Hubert Valleroux, Lacour, Charles Lachau et
Henri Lefort, à la séance du 11 mars 1896.

valeur qu'à celui de l'homme. La loi française fait exception et contient même des anomalies très curieuses : — La loi admet la femme comme témoin dans les actes de notoriété, et cet acte que la femme signe, est fait la plupart du temps pour remplacer un acte de l'État Civil qu'elle ne peut signer. Enfin si dans les actes ordinaires on refuse le témoignage de la femme, en matière criminelle, au contraire, nous avons tous vu récemment une accusation capitale s'appuyer sur un pareil témoignage. — Pourquoi n'en serait-il pas de même dans tous les actes de la vie civile ?

Aussi sur ce point, satisfaction va-t-elle être donnée prochainement à cette juste réclamation. (1)

Mais il faudra attendre plus longtemps pour obtenir ; — car les femmes finiront par l'obtenir ; — le droit au vote politique.

Qu'il me soit permis en terminant, — car je n'ai que trop abusé déjà de votre bienveillante attention, et ce serait tout un nouveau sujet, — qu'il soit permis de redouter ces temps, où poussée par les idées de revanche, la femme sera toute prête à écouter l'instinct pernicieux de la vengeance. La femme libérée, annonce Henry Bauer, deviendra le levier des révoltes, l'auxiliaire indispensable des généreux révolutionnaires qu'inspire la poésie d'une humanité meilleure. Si aujourd'hui la femme veut être électeur, demain il faudra qu'elle soit éligible, et sur ce chapitre, les femmes n'ont pas de petites prétentions : « La femme au pouvoir « ferait mieux que l'homme, s'écrie Hubertine Auclert, car si

(1) Proposition Alfred Lecôte (Indre), *J. Off. Doc. Parl.*, n°⁸ 104-224-733) — La Chambre est aussi saisie de la proposition Lefèvre ayant pour but de donner aux femmes commerçantes l'électorat pour l'élection des juges consulaires *Doc. Parl.*, n°⁸ 427-628 — et de la proposition Michelin, déposée le 22 novembre 1895, *Doc. Parl.*, n° 1564 ayant pour objet l'abolition pure et simple de l'incapacité de la femme mariée.

« l'homme, a telles ou telles aptitudes, la femme a des apti-
« tudes universelles.

« Elles feraient la vie possible en bas par la suppression
« du gaspillage en haut. Elles mettraient de l'ordre dans
« ces grandes maisons qu'on appelle la Commune et l'État,
« elles seraient en un mot les ménagères nationales qui
« apprendraient aux hommes le secret de faire bouillir
« pour tous la marmite.

« On s'habituera à voir les femmes voter et légiférer,
« comme on s'est habitué à les voir monter à bicyclette.

« ..., Un Prussien n'a qu'à se faire naturaliser pour
« devenir électeur et éligible, tandis que les femmes sorties
« du sein de la France, sont à perpétuité exclues du gouver-
« nement de leur pays.... (1) »

Quant à moi, Messieurs, j'estime que pour le bien de la
France, il vaut encore mieux subir le prussien naturalisé,
que la femme, même en costume de bicycliste.

Je ne veux pas dire pour cela que je refuse d'adhérer à
toutes les réformes que l'on propose, et que tout est pour
le mieux dans le meilleur des mondes. Non. La civilisation
nous force à une marche progressive en avant, on ne doit
pas s'y dérober. La situation de la femme mariée peut être
améliorée encore. On a déjà fait les lois de 1881 — de 1886
—de 1893. Mais s'il est singulier que Jeanne d'Arc ne puisse
pas aller déclarer à la mairie l'enfant de sa voisine (2) il
n'est pas regrettable que Madame ne jette dans l'urne un
*Non* parce que Monsieur y a déposé un *Oui*.

Il faudrait une Jeanne d'Arc pour faire triompher la
cause du féminisme comme les armées de Charles VII. —

---

(1) Rev. Fém. 20 novembre 1895 P. 173.
(2) Lettre inédite du 6 juillet 1895, d'A. Dumas fils, à Mme Marya Chéliga.
*Rev. Fém.*, 20 décembre 1895.

Qu'elle revienne donc!... Elle n'est point revenue et elle ne reviendra probablement jamais et Mlle Couédon continuera encore à mystifier ses contemporains. Aussi, lorsque l'on rencontre une réforme qui doive produire les résultats les plus sérieux, comme c'est le cas de la proposition Goirand, modifiée dans le sens que j'ai indiqué, on doit y applaudir des deux mains.

Quant à la réforme politique il vaut mieux la laisser de côté. La question n'est pas mûre, à moins de n'être qu'un prétexte pour faire consacrer par la mode, des « Chapeaux à l'Urne, des Corsages au Suffrage Universel et des Jupes au Scrutin Secret. (1) » Il est à désirer, que suivant le mot de Georges Rodenbach, les femmes sacrifient, encore pendant longtemps, l'amour de la politique à la politique de l'amour.

Comme le disait fort bien un manifeste d'Anglaises anti-Féministes : » A chacun son rôle. Ce serait rapetisser la femme que d'en faire l'égale absolue de l'homme. Est-il bien certain que la femme puisse réformer les lois ? Nous ne pensons qu'une botte de roses, employée comme balai, puisse nettoyer convenablement le parquet. Il est certain que les roses y saliraient joliment leurs pétales. (2) »

Il ne s'agit pas de savoir si la femme est égale, supérieure ou inférieure à l'homme. « Elle est autre et elle a des fonctions essentiellement différentes. » Le pouvoir ne lui va pas. Sa faiblesse, son esprit, son éducation, sa grâce même doivent la tenir à l'écart de ces fonctions orageuses. Leur royaume est ailleurs ; c'est au foyer domestique, c'est dans le sanctuaire de la famille qu'elle est vraiment souveraine ;

(1) A. Dumas, id., p. 209.
(2) Rapporté dans Villey : Le Mouvement Féministe contemporain, discours prononcé à la rentrée des Facultés de Caen 1895.

« douce souveraineté qui ne trouble point la tranquillité de
« leur cœur, que nulle ambition ne jalouse, que nulle
« révolte n'ébranle et qui chose rare dans un empire, fait le
« bonheur et la joie de tous ceux qui vivent sous cette vigi-
« lante protection (1) ».

Qu'importe après tout, à la femme de n'être pas électeur ?
Si elle comprend et remplit son rôle, n'est-elle pas à même
d'exercer une influence bien plus grande dans l'Etat qu'en
déposant dans l'urne un bulletin de vote ?

« N'est-ce pas elle qui après avoir nourri de son sang
« l'électeur, le nourrit de son lait, c'est-à-dire lui transmet
« sa propre substance et le fait semblable à elle, dans toute
« la mesure de l'action, impénétrable mais certaine, que les
« éléments physiques exercent sur les facultés intellectuelles
« et les qualités morales ? N'est-ce pas elle qui fait joindre
« pour la première fois ses petites mains, devant l'Être
« infini qui préside aux destinées des nations, et qui lui
« fait balbutier sa première prière ? Cette prière apprise sur
« les genoux de la mère, sera peut-être oubliée ; mais elle
« laissera au plus profond du cœur comme un écho vague
« mais indélébile, d'où elle remontera inconsciemment sur
« les lèvres aux plus mauvaises heures de la vie. N'est-ce
« pas la mère encore qui a mission d'éveiller l'esprit et le
« cœur de cet électeur futur et qui y dépose à loisir les pre-
« mières semences, lesquelles pousseront dans ce sol vierge
« d'indestructibles racines ?

« Que la femme se consacre toute entière à cette grande
« et noble tâche, elle n'aura pas seulement la première
« place dans notre estime et dans notre cœur, elle exercera
« encore dans l'Etat une influence beaucoup plus considé-

(1) Edouard Laboulaye. Recherches sur la condition civile des femmes.

« rable que la plupart de ceux qui paraissent la gouverner,
« mais qui sont en réalité et qui ne demandent qu'à rester
« ses humbles serviteurs » (1).

Quelle sera l'ère nouvelle ?
Que nous apportera l'Eve future ?
Autant de questions dont la réponse s'assombrit des plus
noirs présages, et les déclarations de Mme Pognon à la présidence du Congrès de 1896 ne sont pas faites pour nous
rassurer : Je conçois, dit-elle, la Société de l'Avenir comme
sans lois. Puisse le nouveau siècle de l'Egalité, ne pas avoir
besoin d'un baptême aussi sanglant que celui de la Liberté !
« Le XVIIIe siècle a proclamé le droit de l'homme, le
XIXe proclamera le droit de la femme », s'est écrié Victor
Hugo. Si cette prédiction doit se réaliser, il faudra un
bouleversement législatif complet. Il est peut être imminent.
Est-ce un bien, est-ce un mal ?
L'avenir nous l'apprendra...

Maintenant Messieurs, après avoir essayé de chercher
quel pourra être l'avenir, permettez-moi de ramener vos
esprits vers le passé et de rendre un dernier et public
hommage à la mémoire du confrère regretté que la mort à
ravi, cette année, à l'affection des siens, et à la cordiale
sympathie de tous ses confrères.
Cette mort est d'autant plus triste qu'en rendant irrévo-
cable la séparation de notre confrère, elle a ravivé parmi
nous le souvenir des circonstances, aussi brusques que

(1) Edmond Villey. Doyen de la Faculté de droit de Caen. Id.

terribles, qui l'avaient obligé à s'éloigner de nous. Il était alors permis d'espérer que son jeune âge triompherait de la maladie. Ses amis cependant ne doutaient pas de la gravité de son état, et pour eux, on peut le dire, il mourut deux fois.

Je ne me dissimule pas la difficulté du devoir que j'ai à remplir, mais je fais appel à toute votre bienveillance pour suppléer à l'inexpérience de ma parole, afin d'honorer comme il convient la mémoire de M. Charles Brissonnet.

Comme moi, vous vous rappelez encore avec quelle stupeur on apprenait il y a deux ans l'effroyable maladie qui venait de l'étreindre brusquement et qui ne devait pas l'abandonner avant de l'avoir définitivement terrassé. Et le 11 mai dernier l'assistance nombreuse qui se pressait à ses obsèques (1), prouvait d'une façon éclatante, que les sympathies qu'il avait su s'acquérir subsistaient encore.

Né à la Chapelle-Moulière le 11 février 1855, M. Charles Brissonnet avait fait ses études au collège de Châtellerault. Puis il se fit inscrire à la Faculté de droit de Poitiers : il rêvait alors d'être notaire. Il possédait déjà cette qualité qui lui a toujours été reconnue même par ses adversaires : une obligeance sans limites, qui le poussait à rendre service sans restriction. Un chagrin violent brisa sa vocation.

C'est alors qu'il se donna tout entier aux Études juridiques et qu'il se fit recevoir docteur en 1881. L'année suivante il était reçu agrégé et attaché en cette qualité à la Faculté de Douai. Vers la fin de 1884 il revint à Poitiers comme professeur d'Économie politique, et il prenait rang sur notre tableau à la date du 22 novembre.

En dehors de ses fonctions de professeur, notre confrère

---

(1) Célébrées à la Chapelle-Moulière.

était aussi membre de la Commission administrative des Hospices et du Conseil central d'hygiène de la Vienne ainsi que du Conseil général. En outre il faisait partie de la Société d'agriculture de Saint-Julien. Enfin l'Administration le délégua pendant plusieurs années au Bureau d'Assistance judiciaire près la Cour d'appel.

Je n'ai eu que rarement l'occasion de l'entendre plaider, mais vous, Messieurs, qui l'avez souvent eu comme adversaire, vous pourrez me démentir si je ne suis pas dans la vérité, en disant qu'il était à la barre comme dans la chaire. Or, comme professeur, il a été mieux apprécié que je ne pourrais le faire, par le savant Doyen de la Faculté de Droit (1) qui a dit de lui : Charles Brissonnet était le type accompli du professeur, qui sait sans rien lui ôter de sa précision, rendre la science agréable aux auditeurs. » Il en était de même de ses plaidoieries.

Dans les affaires civiles qui lui furent plus particulièrement dévolues, son exposé était clair et lucide, sa discussion bien ordonnée, ses déductions juridiques magistralement présentées. Souvent, quand il en avait l'occasion, il se lançait dans des digressions économiques du meilleur goût. Si le débat était allongé, le juge était charmé, et la cause qu'il défendait était souvent gagnée. Dans les affaires d'expropriation particulièrement, ses connaissances agronomiques savaient le faire apprécier des jurés spéciaux en la matière. Parfois aussi, entraîné par son sujet, sa parole suave et limpide franchissait la limite d'une discussion ordinaire pour atteindre les sommets de l'éloquence. Il en était surtout ainsi quand il s'agissait de discuter une question

(1) Discours de M. Le Courtois, doyen de la Faculté de droit, prononcé aux obsèques de M. Brissonnet.

militaire (1) où l'avocat sentait battre sous sa robe le cœur du lieutenant de réserve.

Enfin, car tout chez lui serait à louer, l'homme privé ne le cédait en rien à l'avocat ni au professeur. Son abord facile, sa physionomie souriante, son caractère aimable, sa voix douce, le rendaient sympathique dès la première rencontre. Aussi, peut-on le dire, il fut regretté de tous, même de ses adversaires, car il n'avait pas d'ennemis.

Tous se souviennent avec reconnaissance du professeur bienveillant et dévoué qui les avait formés. Pour moi, l'un de ses derniers élèves, je n'oublierai jamais cet excellent maître qui fut aussi un aimable confrère.

Et s'il est vrai que la vie de ceux auxquels nous rendons ici le dernier hommage doit « servir d'enseignement à ceux qui débutent dans la carrière » (2), « ce chemin difficile du barreau, semé d'obstacles que toutes les passions humaines y accumulent, » pour nous « dégager des broussailles qui encombrent le pied de la montagne, et monter vers ces sommets où rayonnent les pures clartés de la justice et de la vérité éternelles (3); » sachez, mes jeunes confrères, entretenir et conserver cette vertu qui fait notre force, bien que négligée par quelques-uns, cette vertu que M. Charles Brissonnet possédait à un si haut degré, et qui aujourd'hui est la véritable source de nos regrets :

LA CONFRATERNITÉ !

(1) Expropriation du Quai Militaire de Poitiers.
(2) Discours prononcé à la rentrée des conférences, le 11 janvier 1873, par M. Paul Druet.
(3) Guillouard.

Poitiers, Imprimerie BLAIS et ROY, 7, rue Victor-Hugo.